T0002048

El doctor BRIAN L. WEISS es psiquiatra y escritor de éxito. Se graduó en la Universidad de Columbia y se licenció en la Facultad de Medicina de Yale. Ha trabajado como director del Departamento de Psiquiatría del Centro Médico Mount Sinai, en Miami.

El doctor Weiss dispone de una consulta privada en Miami. Sus colaboradores son psicólogos y asistentes sociales que también utilizan la regresión y otras técnicas de psicoterapia espiritual en su trabajo. Además, dirige seminarios nacionales e internacionales, talleres experimentales y programas de formación para profesionales.

Es autor de diversos libros, entre ellos *Muchas vidas, muchos maestros, Lazos de amor, Los mensajes de los sabios, Sólo el amor es real, Meditación, Espejos del tiempo* y *Eliminar el estrés*, todos ellos publicados por Ediciones B.

www.brianweiss.com

Papel certificado por el Forest Stewardship Council®

Título original: *Eliminating Stress, Finding Inner Peace*

Primera edición en B de Bolsillo: febrero de 2014
Segunda edición: septiembre de 2018
Octava reimpresión: julio de 2023

© 2003, Weiss Family Limited Partnership 1 LLP
© 2004, 2014, Penguin Random House Grupo Editorial, S. A. U.
Travessera de Gràcia, 47-49. 08021 Barcelona
© Victoria Morera, por la traducción
Diseño de la cubierta: Penguin Random House Grupo Editorial
Fotografía de la cubierta: © Getty Images

Printed in Spain – Impreso en España

ISBN: 978-84-9070-680-0
Depósito legal: B-10.886-2018

Impreso en Prodigitalk, S. L.

BB 0 6 8 0 D

Eliminar el estrés

BRIAN L. WEISS

Traducción de Victoria Morera

ÍNDICE

Capítulo I

Naturaleza del estrés

En la actualidad el estrés parece algo inevitable y omnipresente. Miremos donde miremos, encontramos múltiples fuentes potenciales de estrés dispuestas a robarnos la alegría y perjudicar nuestra salud. La complejidad de la vida moderna ha elevado nuestros niveles generales de estrés y tensión. Internet y los informativos de veinticuatro horas nos permiten tener conocimiento de las tragedias y las catástrofes a los pocos minutos de que hayan ocurrido y sea cual sea el lugar del mundo en el que se hayan producido. Los avances en la tecnología del transporte y la comunicación nos proporcionan mucha más movilidad en nuestro entorno vital y laboral. No obstante, aunque los desplazamientos son cada vez más rápidos, los grupos familiares tienden a disgregarse a medida que las industrias han ido trasladándose. Hoy en día, existe la ilusión de la cercanía geográfica. Sin embargo, nuestros padres y abuelos no están tan cerca de nosotros ni constituyen una ayuda potencial cuando, de hecho, tienen que tomar un avión para visitarnos. En general, hace sólo unas décadas los grupos familiares vivían en la misma ciudad y era posible recurrir a ellos en busca de ayuda y apoyo.

En la actualidad, el número de familias monoparentales es cada vez mayor. Esto constituye una situación estresante que se ve acentuada por la extinción gradual del grupo familiar amplio.

El inquietante término «multitarea» nos observa desde la sobrecarga de actividades a la que nos enfrentamos día a día. La tecnología de la información nunca duerme y se manifiesta a través de los teléfonos móviles, los correos electrónicos, los intercomunicadores, los buscas y demás instrumentos electrónicos de control. No tenemos escapatoria. Ya no hay momentos de inactividad. Nuestros sistemas de mantenimiento se están debilitando y nos sentimos cada vez más abrumados.

Los avances tecnológicos bélicos y las armas de destrucción masiva también han aumentado nuestro grado de inquietud. Los efectos negativos de algunas formas nuevas de tecnología, como los residuos nucleares, el calentamiento global y la contaminación medioambiental tienen, asimismo, un efecto acumulativo y potenciador del estrés. A medida que el mundo se vuelve más y más complejo, también padecemos más estrés. Nuestra evolución espiritual y nuestra capacidad de recuperar un estado de salud normal y equilibrada no han progresado a la misma velocidad que los factores tecnológicos causantes de estrés.

Uno de los efectos de estos cambios es que se ha producido una variación en la naturaleza y el patrón de los factores causantes de estrés. Actualmente estamos expuestos con mucha mayor frecuencia que antes a un estrés crónico o constante. Cuando los factores causantes de estrés son relativamente agudos pero infrecuentes, nuestro cuerpo tiene la oportunidad de eliminar las hormonas del estrés y recuperar sus condiciones normales o neutras. Sin embargo, cuando tales factores son frecuentes y omnipresentes, como ocurre en el mundo actual, nuestro cuerpo no dispone de tiempo para invertir los efectos fisiológicos dañinos. Así pues, continuamente estamos sumergidos en las hormonas del estrés, pagando por ello un elevado precio físico y mental.

Por estas razones, y a fin de conservar la salud en un mundo cada vez más abrumador, resulta de vital importancia aprender a reducir con rapidez los niveles de estrés, tanto en el ámbito físico como en el mental. Las técnicas descritas en este libro pueden ayudarle a conseguirlo.

~~⚬~~

El estrés surge cuando reaccionamos, desde un punto de vista físico y psicológico, al potencial de cambio de nuestro entorno. En esos casos nuestra mente reacciona con inquietud, preocupación o miedo, y nuestro cuerpo segrega hormonas y sustancias químicas relacionadas con el estrés.

El circuito fisiológico del estrés, que existía incluso en los seres humanos primitivos como un mecanismo para asegurar la supervivencia de la especie, ha ido refinándose genéticamente a lo largo de miles de años. Este circuito fue diseñado para situaciones de estrés a corto plazo. Cuando percibimos un peligro, el hipotálamo, situado en nuestro cerebro, segrega CRH (hormona liberadora de corticotropina). Esta hormona estimula la glándula pituitaria para que libere ACTH (adrenocorticotropina), que a su vez hace que las glándulas suprarrenales segreguen tres hormonas adicionales: la epinefrina (adrenalina), la norepinefrina (noradrenalina) y el cortisol (glucocorticoide).

La epinefrina y la norepinefrina aumentan la presión sanguínea y el ritmo cardíaco, desvían el riego sanguíneo del sistema gastrointestinal a los músculos y aceleran el tiempo de reacción. El cortisol libera glucosa (azúcar) de los depósitos fisiológicos para proporcionar al cuerpo combustible inmediato. El cortisol también previene la inflamación en caso de heridas o lesiones. El circuito completo de liberación de hormonas y sustancias químicas se conoce como el eje hipotalámico-pituitario-adrenal (HPA).

Una amenaza real o imaginaria activa el eje HPA y nos sitúa en el modo de respuesta activa. En este estado, nos encontramos preparados para luchar o huir, según cuál sea la naturaleza del peligro. Entonces nuestra respiración se acelera, nuestro corazón late a un ritmo más rápido y nuestra mente se activa y se concentra al mismo tiempo. Además, los músculos reciben el suministro sanguíneo y de combustible extra y se preparan para una acción inmediata, aumentando nuestra fortaleza y agilidad físicas.

En el mundo actual el estrés que nos producen las relaciones humanas, los problemas financieros, las noticias, los desplazamientos diarios y el trabajo aumenta o disminuye, pero en raras ocasiones cesa. El eje HPA está siempre activado, aunque en realidad no dispone de un objetivo bien definido. Las sustancias químicas se segregan de forma crónica, aunque con frecuencia no podemos luchar ni huir. Nos sentimos atrapados e impotentes. La activación a largo plazo del eje HPA provoca enfermedades físicas y psicológicas crónicas y dañinas, como las dolencias cardíacas, las úlceras, la obesidad, las adicciones, la depresión y la debilitación del sistema inmunológico, entre muchas otras. Por lo tanto, reducir el estrés no sólo mejora nuestra calidad de vida, sino que literalmente nos salva la vida.

Capítulo II

Causas del estrés

Muchas personas no son conscientes, o lo son sólo de forma parcial, de los grados de estrés a los que se enfrentan todos los días. A menudo no conocen las causas más comunes de estrés, o sea los factores desencadenantes que pueden afectarnos en cualquier momento. En general, el estrés puede definirse como la activación del eje HPA, lo cual incluye cualquier estímulo, como el miedo o el dolor, que perturbe o afecte el equilibrio fisiológico normal del individuo. El estrés es nuestra respuesta fisiológica y psicológica a los sucesos cotidianos de la vida. Los factores causantes de estrés de poca importancia y corta duración se consideran positivos porque hacen que nuestro cuerpo y nuestra mente estén más alerta, concentrados y enérgicos.

Un estrés suave o moderado experimentado

durante breves períodos de tiempo puede producir resultados beneficiosos. Por ejemplo, como en esos casos la concentración está más acentuada, los actores, los músicos y otros profesionales realizan mejores actuaciones. De forma parecida, los estudiantes se benefician de esta clase de estrés en épocas de exámenes. Además de activar la mente y mejorar la concentración, las hormonas del estrés potencian la actividad muscular y aceleran el tiempo de reacción. Por lo tanto, los atletas y las personas que en general se esfuerzan por mejorar su rendimiento físico pueden beneficiarse de estos cambios psicofisiológicos.

Cuando el suceso causante del estrés suave desaparece, eliminamos las hormonas del estrés de nuestro cuerpo y recuperamos nuestro estado normal de equilibrio. Sin embargo, si el estrés es demasiado intenso o persiste a lo largo de un período excesivo, los resultados beneficiosos quedan anulados.

Las siguientes situaciones de cambio se consideran poderosas activadoras de estrés. Los efectos de tales situaciones son acumulativos. Por lo tanto, si usted se ve sometido a varias de estas experiencias en un período relativamente corto, tendrá un riesgo mayor de desarrollar síntomas relacionados con el estrés.

- La muerte de la pareja, de un miembro de la familia o de un amigo íntimo

- Sufrir una herida, una enfermedad o un accidente grave
- La pérdida del empleo o problemas laborales serios
- La pérdida de una relación importante debido a un divorcio o una separación
- Un embarazo no deseado
- Problemas legales, sobre todo juicios y períodos de encarcelamiento
- Problemas financieros graves, incluida la negación de un préstamo
- Ser víctima de un delito, un acto de violencia o abusos sexuales
- Padecer soledad o ser traicionado por un ser querido
- Ser víctima de sucesos traumáticos, como una catástrofe natural
- Cambiar de residencia, de lugar de trabajo o estado civil
- Ser padre
- Tener problemas con los hijos
- Perder un seguro, sobre todo si es de enfermedad, y otros beneficios sociales
- Intentar mantener un equilibrio entre las responsabilidades laborales y las domésticas
- Estar sujeto a plazos de entrega frecuentes o a una competitividad malsana en el trabajo o en los estudios

- Tener discusiones domésticas
- Tener problemas de fertilidad
- Jubilarse
- Ser objeto de críticas o humillaciones o mostrarse crítico con los propios fracasos

Como es lógico, existen muchos otros factores causantes de estrés. Éstos son sólo algunos de los más comunes y potentes.

Capítulo III

Signos y síntomas de estrés

Como ya he mencionado, el estrés potencia la secreción de ciertas hormonas y sustancias químicas corporales que, en realidad, sólo necesitamos en situaciones de emergencia. Durante las épocas en que padecemos un estrés crónico, el ritmo cardíaco se acelera, la presión sanguínea se eleva hasta alcanzar unos niveles peligrosos y la acidez estomacal puede dañar las paredes del tracto digestivo. Entonces nos sentimos muy desgraciados y desesperanzados y podemos caer en una depresión; dormimos mal, no descansamos lo suficiente, y nos sentimos cada vez más lentos y cansados; nuestro apetito sexual disminuye y afecta a nuestra relación de pareja; el peso corporal también puede aumentar o disminuir, según cómo se vea afectado nuestro apetito.

Los costes económicos también son considerables. El absentismo laboral debido a las enfermedades derivadas del estrés causa enormes pérdidas tanto a las empresas como a los individuos. Los gastos ocasionados a los sistemas sanitarios son muy elevados. Las pruebas y los procedimientos médicos, así como los casos que requieren hospitalización, resultan muy costosos y requieren mucho tiempo. Además, también ocasionan molestias físicas y pueden producir efectos secundarios peligrosos.

Los síntomas del estrés crónico pueden clasificarse de distintas formas.

Éstas son las tres categorías principales: psicológicos, físicos y conductuales.

Síntomas psicológicos:
- Falta de concentración
- Mala memoria
- Miedos y ansiedad
- Depresión y otros trastornos del estado de ánimo
- Irritabilidad
- Inquietud
- Sensación de una muerte inminente
- Baja autoestima
- Facilidad de distracción
- Enfado
- Culpabilidad

- Desconfianza
- Sentimiento fácil de frustración (umbral de frustración bajo)
- Pérdida de motivación. Miedo al fracaso

Síntomas físicos:
- Dolores de cabeza
- Presión sanguínea alta o ritmo cardíaco acelerado
- Sudores
- Presión en el pecho
- Dificultades respiratorias
- Hiperventilación
- Temblores
- Tics nerviosos
- Sequedad de la boca y la garganta
- Apatía y cansancio
- Insomnio
- Diarrea y dolores estomacales
- Disminución de la libido
- Obesidad o pérdida de peso
- Chirrido de los dientes
- Dolores de espalda o cervicales
- Propensión a caer enfermo
- Palpitaciones (latidos fuertes o sensación de sobresalto)
- Tensión o rigidez muscular
- Alteraciones de la piel

- Ardor o acidez de estómago
- Osteoporosis y fracturas óseas

Síntomas conductuales:
- Adicción o reanudación de la adicción al alcohol, las drogas o el tabaco
- Consumo excesivo de cafeína
- Impulsividad
- Comportamiento agresivo
- Ingestión excesiva de alimentos
- Conflictos relacionales
- Descenso de la actividad
- Aislamiento social. Evitar personas o lugares
- Reaparición o agravamiento de fobias
- Abandono de las responsabilidades

Si percibe en usted la presencia de estos signos o síntomas con mayor frecuencia o de una forma más aguda que antes, es posible que esté experimentando niveles de estrés más elevados de lo normal. Cuanto antes ponga en práctica las técnicas de reducción del estrés, mejor se sentirá. Los efectos negativos del estrés crónico pueden mitigarse. Su cuerpo y su mente pueden recuperar su estado de funcionamiento normal.

Capítulo IV

Estrés y enfermedad

Numerosos estudios médicos relacionan el estrés crónico con multitud de problemas y enfermedades. De hecho, cinco de las principales causas de defunción en Estados Unidos están relacionadas con el estrés: las dolencias cardíacas, el cáncer, las patologías pulmonares, la cirrosis hepática y el suicidio.

Las mujeres se ven tan afectadas o más por estas enfermedades que los hombres. El estrés no respeta las diferencias de sexo, raza, religión o nacionalidad.

Es bien conocido que el estrés puede afectar al funcionamiento del sistema inmunológico corporal. Cuando se produce una depresión del sistema inmunológico, el cuerpo se vuelve mucho más vulnerable a las infecciones, tanto víricas como bacterianas, y a otros patógenos oportunistas, como los parásitos.

El sistema inmunológico constituye asimismo un factor importante en la prevención del desarrollo de muchos tipos de cáncer. Cuando nuestros mecanismos de defensa inmunológica se ven dañados o amenazados, su capacidad de protegernos o de luchar contra las células cancerígenas también se ve mermada, lo que puede tener unas consecuencias fatales. Entonces nos volvemos más vulnerables a la aparición del cáncer y a su desarrollo, así como a otras enfermedades crónicas que dependen del sistema inmunológico.

La idea de que las personas enamoradas enferman con menor frecuencia que las demás no es sólo un mito. Esas personas suelen ser más felices y optimistas. Los factores causantes de estrés del entorno y de la vida no les preocupan tanto como a los demás. En su estado trascendente de amor, se elevan por encima de los conflictos mundanos. Cuando alguien está enamorado, su sistema inmunológico funciona de forma óptima, protegiéndolo de los gérmenes invasivos, de las células cancerígenas o de cualquier otro ataque a la salud.

El estrés aumenta los niveles de colesterol LDL, el denominado colesterol malo, que está relacionado con un riesgo más elevado de padecer enfermedades coronarias. Otros estudios han demostrado que un estrés mental repentino provoca que las paredes interiores de los vasos sanguíneos se contraigan, aumentando así el riesgo de padecer un infarto o un derrame cerebral.

En enero de 1998 *The New England Journal of Medicine*, la revista de medicina general más famosa de Estados Unidos, publicó un importante artículo en el que detallaba los daños multisistema que el estrés crónico puede ocasionar en el cuerpo humano. Además de las enfermedades cardíacas y de la disfunción del sistema inmunológico, el estudio citó la pérdida de memoria, la resistencia a la insulina y la disminución de la densidad mineral ósea (la osteoporosis, que causa debilidad en los huesos y aumenta la probabilidad de padecer fracturas óseas).

También se ha comprobado que unos niveles elevados de cortisol incrementan el apetito y pueden producir obesidad. Además, una secreción prolongada de cortisol puede acrecentar la producción de insulina. Ésta, un potente estimulante del apetito, también provoca un mayor almacenamiento de grasa, sobre todo alrededor de la cintura.

En un estudio realizado en la Universidad de Yale se comparó un grupo de mujeres que tendían a almacenar grasa en el abdomen con otro que, sobre todo, lo hacían en las caderas. Las mujeres del primer grupo tenían una vida más estresada y se sentían más amenazadas por las tareas estresantes que las mujeres del otro grupo. Además, producían unos niveles de cortisol significativamente más elevados que las otras mujeres. Resulta interesante saber que las células grasas de la parte interna de la cintura son muy ricas en receptores de las hormonas relacionadas con el estrés. De hecho, un estudio de la facultad de medicina de Harvard reveló que la grasa abdominal estaba muy relacionada con un riesgo elevado de padecer un infarto de miocardio.

El estrés también puede afectar al sistema reproductivo y causar infertilidad al inhibir la producción de las hormonas sexuales masculinas y femeninas como la testosterona, los estrógenos y la progesterona. La activación prolongada del eje HPA también inhibe la secreción de las hormonas del crecimiento, que son esenciales para un crecimiento normal.

Numerosos estudios han relacionado el estrés, sobre todo el crónico, con la depresión y con un aumento de los intentos de suicidio. Los pacientes depresivos presentan unos niveles de CRH, la hormona hipotalámica relacionada con el estrés, más elevados. Otras alteraciones físicas y psicológicas vinculadas con una secreción elevada de CRH incluyen el trastorno obsesivocompulsivo, la anorexia nerviosa, varios tipos de ansiedad, el alcoholismo, la diabetes, los trastornos tiroideos y determinadas clases de insomnio.

Capítulo V

Estrés postraumático

E l estrés postraumático es un subtipo particular de estrés. Muy potente y perjudicial, resulta cada vez más común en el violento mundo actual. Muchos de nosotros hemos estado expuestos a situaciones estresantes sobrecogedoras que parecen estar fuera de nuestro control. Estas situaciones traumáticas pueden ser repentinas y multitudinarias, como los ataques terroristas del 11 de septiembre de 2001 y 11 de marzo de 2004, o crónicas, como los malos tratos o los abusos deshonestos. Pueden ser causadas por los seres humanos, como las guerras o los actos violentos, por un accidente, como los incendios o los accidentes aéreos o de automóvil, o por la naturaleza, como los huracanes, los terremotos o los tornados. Lo que nos produce tanto dolor y sufrimiento es nuestra reacción ante dichos sucesos, que suele ser similar tanto en el aspecto físico como en el psicológico.

Con frecuencia, el estrés postraumático produce conmoción, ansiedad, sentimiento de culpa, irritabilidad crónica y depresión. También puede dar lugar a adicciones, insomnio, pesadillas, reacciones exageradas de sobresalto y a una miríada de trastornos psicosomáticos. Asimismo, suele causar problemas de concentración, *flashbacks*, sentimientos de confusión y desesperación, baja autoestima, temor a perder el control, y el miedo, persistente e intrusivo, a que el suceso o los sucesos traumáticos vuelvan a ocurrir. Por último, las reacciones postraumáticas están relacionadas de forma significativa con determinadas alteraciones psiquiátricas.

Los investigadores calculan que entre un 40 y un 60 % de las mujeres que padecen problemas alimenticios graves, como la anorexia y la bulimia, tienen recuerdos de traumas que padecieron en el pasado. Un estudio realizado entre víctimas de actos violentos que padecían estrés postraumático reveló que el 41 % tenían problemas sexuales, el 82 % sufrían depresión, el 27 % experimentaban síntomas obsesivoscompulsivos y el 18 % padecían fobias.

Entre un 25 y un 30 % de las personas que han presenciado o vivido un suceso traumático experimentan síntomas significativos de estrés postraumático. Si no reciben tratamiento, el 50 % de esas personas padecerá esos síntomas durante décadas. El tiempo, por sí solo, no es el sanador perfecto.

Las estadísticas sobre los sucesos causantes de estrés y su coste son verdaderamente alarmantes. Un estudio publicado en la revista Prevention en 1996 reveló que el 75 % de los norteamericanos soportan una situación de «gran estrés» al menos una vez a la semana, y el 33 % de los encuestados manifestó que vivía esa clase de experiencias más de dos veces a la semana. Por otro lado, la conclusión general de diversos estudios es que entre un 75 y un 90 % de todas las consultas efectuadas a los médicos de cabecera se deben a problemas relacionados con el estrés. Durante un día de trabajo normal, un millón de empleados está de baja por síntomas relacionados con el estrés. El 75 % de los estadounidenses opina que su trabajo es estresante y el estrés supone, para las empresas de este país, un coste anual aproximado de trescientos mil millones de dólares. Entre un 60 y un 80 % de los accidentes laborales están relacionados con el estrés y los incidentes violentos que ocurren en el lugar de trabajo con frecuencia también se deben a esta causa. Las estadísticas de Canadá y del Reino Unido son muy similares. Sin duda el estrés no conoce fronteras.

Como la mayoría de los médicos no disponen del tiempo o los recursos necesarios para ayudar a descubrir y eliminar las causas del estrés, a menudo prescriben medicamentos —con frecuencia, varios— para tratar a sus pacientes. Todos los medicamentos tienen efectos secundarios y potencialmente pueden empeorar los problemas en lugar de aliviarlos. Numerosos medicamentos utilizados para tratar el estrés y la ansiedad son adictivos y, en consecuencia, agravan el problema. Es como si saltáramos continuamente de la sartén a las brasas, y viceversa.

Durante muchos años, los médicos han prescrito ansiolíticos, sobre todo benzodiacepinas (Valium, Librium, Xanax, Tranxene, Dalmane, Serax, Ativan, etcétera) para tratar la ansiedad y el insomnio. Estos medicamentos, que se distinguen sobre todo por el tiempo que permanecen en el cuerpo, suelen producir efectos secundarios como somnolencia, disminución de la energía, sequedad bucal, estreñimiento, pérdida de coordinación y confusión mental. Además, crean adicción y su toma debe interrumpirse bajo un control estricto. En general, se dejan de tomar de forma muy gradual para evitar el síndrome de abstinencia.

Los medicamentos antidepresivos se han utilizado ampliamente para tratar diversos tipos de depresión. Al principio, los antidepresivos tricíclicos (Elavil, Tofranil, Sinequan, Pamelor, Norpramin, etcétera) eran los más prescritos. Sin embargo, estos antidepresivos tenían una incidencia alta de efectos secundarios y se sustituyeron por una nueva generación de medicamentos potenciadores del estado de ánimo que actúan, sobre todo, en el sistema productor de serotonina. Estos antidepresivos (Prozac, Paxil, Celexa, Effexor, Zoloft...) tienen menos efectos secundarios, pero siguen provocando molestias significativas y, en algunos casos, no son efectivos.

Los medicamentos que tratan los síntomas de la ansiedad y la depresión constituyen un tratamiento complementario valioso. Sin embargo, puesto que todos los medicamentos producen efectos secundarios deben controlarse. En general, la toma de medicamentos sin la utilización concomitante de las técnicas de relajación y sin la comprensión que proporcionan la terapia y la meditación, no resulta plenamente efectiva.

Los tratamientos tradicionales, como la psicoterapia individual o en grupo, siempre han resultado útiles para aliviar los síntomas del estrés. Como es lógico, estas técnicas requieren la participación de un terapeuta profesional. Además de la comprensión que proporcionan esta clase de terapias, gracias a ellas se desarrollan capacidades de comunicación efectiva que pueden trasladarse a otras relaciones, haciendo que éstas sean más auténticas y gratificantes. Con este tipo de terapias, el sentimiento de aislamiento social disminuye, la autoestima aumenta y el proceso terapéutico se beneficia. Los grupos de apoyo ofrecen ventajas y oportunidades de curación similares.

Yo todavía prescribo medicación, sobre todo

antidepresivos, a algunos de mis pacientes, pues estos medicamentos mejoran el estado de ánimo y la concentración. Sin embargo, siempre combino su uso con la meditación, la relajación y las técnicas de reducción del estrés. Esto me permite prescribir los medicamentos en dosis menores y durante menos tiempo. Según he podido comprobar, los pacientes mejoran antes cuando utilizan las técnicas de reducción del estrés y la medicación de forma conjunta que con la medicación sola. Además, con estas técnicas se sienten más fuertes y con control de la situación, pues aprenden habilidades y enfoques que minimizarán tanto la intensidad como la duración de los posibles episodios futuros.

Casi todos mis pacientes realizan ejercicios de relajación y de reducción del estrés como los que se incluyen al final de este libro.

Si en la actualidad usted acude a terapia o toma medicamentos, no modifique el régimen de visitas o tomas prescrito sin consultar antes a su médico o terapeuta.

Capítulo VI

Algunos casos clínicos

En el campo de la psico-neuroinmunología —la conexión entre la mente y el cuerpo— se han llevado a cabo múltiples estudios médicos. Sobre todo, en relación con los efectos de la reducción del estrés en el sistema inmunológico. Por ejemplo, diversos estudios realizados en la Universidad de Miami han demostrado que una actitud optimista influye en una recuperación óptima y una disminución de la angustia que se padece con posterioridad a las operaciones de cáncer de mama. Las técnicas de relajación y de control del estrés que se utilizaron con este tipo de pacientes durante las diez primeras semanas después de la operación dieron como resultado una mejoría de su estado psicológico y su adaptación biológica. Esta mejoría se prolongó durante un año o más después del período de prueba de diez semanas. En concreto, las mujeres que participaron en el protocolo de relajación y reducción del estrés experimentaron un decrecimiento de la depresión, le encontraron un mayor significado a la vida, vieron cómo mejoraban sus relaciones sociales y vivieron una reestructuración de las prioridades generales de la vida.

Según el doctor Michael Antoni, director del centro de investigación psicooncológica del Sylvester Comprenhensive Cancer Center de la Universidad de Miami:

> Además de estos cambios psicológicos, hemos observado que... las participantes muestran una producción menor de las hormonas suprarrenales relacionadas con el estrés, como el cortisol. Esta disminución del cortisol fue mayor en las mujeres que aseguraron haber experimentado mayores cambios psicológicos... Las reducciones en los niveles de cortisol son importantes en las pacientes con cáncer de mama, pues los niveles elevados de esta hormona están relacionados con la depresión del funcionamiento del sistema inmunológico. Esto es importante porque el control que el sistema inmunológico ejerce sobre las nuevas células cancerígenas puede servir de protección frente al desarrollo de una metástasis.

Una de mis pacientes, una mujer de algo más de cuarenta años que fue operada de cáncer de mama, no toleraba la quimioterapia debido a los abrumadores y terribles efectos secundarios. Pues bien, después de practicar las técnicas de relajación profunda y las visualizaciones de sanación, su tolerancia al dolor y el malestar se vio modificada. Mi paciente aprendió a concentrarse de forma muy profunda y a disminuir el malestar que le producía la quimioterapia. Gracias a esto, el oncólogo pudo elevar la dosis terapéutica de su medicación y el cáncer remitió.

Si la remisión de la enfermedad fue el resultado de la quimioterapia, de las técnicas de relajación y los ejercicios de visualización, o quizá de una combinación de ambas, en realidad no importa. El hecho es que esta mujer mejoró ostensiblemente y continúa gozando de buena salud catorce años después de la operación.

<hr>

Determinados estudios médicos sobre las dolencias cardíacas han revelado que una combinación de ejercicio moderado, una dieta adecuada y la práctica de técnicas de reducción del estrés pueden llegar a invertir las obstrucciones de las arterias coronarias. Resulta interesante saber que los pacientes que siguieron un programa dietético y de ejercicios pero que no realizaron las prácticas de reducción del estrés experimentaron una mejoría en la progresión de la dolencia cardíaca, aunque las obstrucciones coronarias no desaparecieron. Sin embargo, cuando incorporaron estas prácticas en su vida, se produjo una verdadera inversión de la dolencia cardíaca.

Esta clase de estudios resulta muy ilustrativo respecto al papel que las técnicas de reducción del estrés ejercen en la prevención y la inversión de las enfermedades graves. Si es posible conseguir una inversión de la enfermedad, entonces nunca es demasiado tarde para aprender las técnicas que ayudan a minimizar y eliminar el estrés.

Hace doce años, un eminente cardiólogo me envió a uno de sus pacientes. El año anterior, éste había sufrido un ataque de corazón grave. Ed sólo tenía cincuenta y un años, pero los daños causados por su dolencia cardíaca eran importantes y el médico le había prohibido casi todas las actividades de ocio que le gustaban. A Ed le encantaba el submarinismo, pero su cardiólogo le prohibió practicarlo debido a la presión subacuática. Asimismo, le encantaba navegar y pescar mar adentro, pero el cardiólogo también le restringió estas prácticas porque temía que, en caso de necesitar un tratamiento de urgencia, Ed estuviera demasiado lejos de un hospital.

Como es comprensible, y dado que su corazón apenas respondía a sus funciones vitales, Ed se sentía angustiado ante la idea de padecer otro infarto de miocardio. Al caminar, enseguida se cansaba. En el pasado había sido un fumador empedernido y estaba considerando volver a fumar para aliviar su continua ansiedad. Ed se sentía cada vez más deprimido y tenía la sensación de una muerte inminente. Además, magnificaba incluso los pequeños factores desencadenantes de estrés, tanto en su hogar como en el trabajo; se mostraba irascible con su mujer y con sus compañeros de trabajo, que a su vez se sentían frustrados en su trato con él. Los ansiolíticos que los médicos le habían prescrito no aliviaban su ansiedad y los medicamentos para el corazón sólo parecían contener lo inevitable. Ed no se estaba recuperando bien. La primera vez que lo vi estaba hundido.

Empezamos una terapia con sesiones semanales en mi consulta. Le entregué un CD para reducir el estrés y le pedí que lo usara a diario en su domicilio. Él lo utilizó dos veces al día y asimiló con rapidez el componente de relajación física. No tardó en empezar a realizar ejercicios suaves en una bicicleta estática. Mientras pedaleaba, escuchaba el CD y, cuando terminaba los ejercicios, lo escuchaba otra vez.

Al cabo de unas semanas, la tolerancia de Ed respecto al ejercicio físico había aumentado de forma notable. Unos meses más tarde, su dolencia cardíaca empezó a remitir. La ansiedad casi había desaparecido y la necesidad de volver a fumar se había desvanecido. Sus relaciones, tanto en el hogar como en el trabajo, mejoraron significativamente.

El cardiólogo de Ed estaba sorprendido por sus progresos y le permitió volver a navegar. Después de aquello, empezó a enviarme a muchos de sus pacientes a la espera de un milagro similar. Sin embargo, yo sabía que los progresos de Ed no se debían a un milagro. Gracias a la práctica diligente de la terapia, Ed había aprendido a lograr un grado de relajación profunda, a eliminar el estrés y la ansiedad, permitiendo que el poder sanador natural de su cuerpo y su mente curara su enfermedad.

Doce años más tarde, Ed disfruta de una salud excelente y la dolencia coronaria y progresiva que antes padecía no se ha repetido. Una parte significativa del músculo del corazón se le ha regenerado. Además, Ed ha alcanzado y mantiene una sensación de calma y paz interiores en su vida diaria, aunque no esté meditando o practicando con el CD. Su valoración de la vida (lo que es importante y lo que no lo es) ha cambiado de forma positiva y ahora es mucho más feliz.

∼≍•≍∼

Dejar de fumar es otro aspecto importante que se beneficia de la práctica de las técnicas de reducción del estrés. No es preciso enumerar los efectos dañinos del tabaquismo activo y pasivo. El cáncer de pulmón, el enfisema, las dolencias cardíacas y el envejecimiento prematuro de la piel son sólo algunas de las graves consecuencias médicas del tabaquismo crónico. El porcentaje de éxito de las técnicas de reducción del estrés en el abandono de este hábito es significativo. Los fumadores no sólo se liberan de su adicción, sino que los beneficios para la salud, tanto la de ellos como la de los que los rodean, son enormes.

Capítulo VII

Estrés y preocupación

Los sucesos causantes de estrés que escapan a nuestro control son innumerables. Sin embargo, sí que podemos controlar nuestras reacciones frente a esos sucesos. Por desgracia, nos pasamos más tiempo preocupándonos que intentando analizar las situaciones con comprensión y objetividad.

Tenemos muchísimas preocupaciones. Por ejemplo, nos preocupamos por el dinero, aunque sabemos que éste es sólo una herramienta, un medio para alcanzar un fin. En realidad, lo que queremos conseguir es la felicidad, un poco de seguridad en nuestras vidas y algo de alegría. La felicidad, la seguridad y la alegría son estados internos y, además, son gratis; el dinero no puede comprarlos. La preocupación no es más que un hábito, aunque un hábito negativo y molesto. La preocupación no ayuda a cambiar nada ni nos proporciona las cosas que de verdad necesitamos y queremos. El dinero no da la felicidad. Durante mi carrera como psicoterapeuta, he tratado a muchas personas que eran sumamente ricas pero se sentían desgraciadas e infelices. El dinero es neutro, no es bueno ni malo. Lo que hacemos con él es lo que le da su valor.

También nos preocupamos por el éxito y el fracaso, aunque en realidad no sabemos definir estos conceptos. ¿Una persona que es pobre, feliz y tiene relaciones maravillosas y amorosas con los demás es un fracaso? ¿Una persona rica cuyas relaciones con los demás son espantosas y no tiene amor en su vida tiene éxito? Nuestra cultura se ha encargado de definir para nosotros el sentido del éxito y el fracaso, pero estas definiciones son deficientes. Así pues, ¿por qué preocuparnos por el éxito?

Nos preocupamos demasiado por lo que los demás piensan de nosotros; por sus opiniones, sus juicios y sus críticas. Sin embargo, su opinión tiene su origen en los mismos valores culturales que rigen el valor del dinero y el éxito. Una vez más, nos preocupamos por nada.

Todos los demás temores que nos acosan siguen el mismo patrón. La preocupación no produce cambios positivos o riquezas. Preocuparnos no cambiará el futuro. Planificar el futuro es útil, pero no preocuparse por él. Preocuparse constituye un hábito inútil, una respuesta condicionada que hemos adquirido de nuestros padres, de nuestros profesores y nuestras comunidades. Desde un punto de vista intelectual sabemos que es así, pero los viejos hábitos son difíciles de cambiar. ¡Si pudiéramos dejar de preocuparnos tanto, seríamos mucho más felices! Además, padeceríamos mucho menos estrés.

Lo irónico del caso es que, desde una perspectiva más objetiva, esta clase de estrés constituye una ilusión. No es real. Lo creamos nosotros mismos. Y todos lo sabemos.

Los sucesos o las percepciones que inducen una reacción de estrés son subjetivos y relativos. Es posible que un hecho que para usted resulte traumático a mí no me afecte en absoluto, y viceversa. También es posible que un suceso que le causó un estrés considerable el año pasado apenas lo afecte este año porque su actitud o su perspectiva han cambiado en este período de tiempo. Incluso puede que en esta ocasión disfrute de la experiencia o que la perciba como un reto emocionante más que como una amenaza, un trauma o un suceso estresante. Simplemente, todo reside en la percepción de quien lo vive. Nuestra libre voluntad determina la reacción frente a estos sucesos. ¿Reaccionaremos con miedo, o con confianza y optimismo? Nosotros elegimos: estrés o confianza, miedo o amor, ansiedad o paz interior.

He aparecido como invitado en cientos de programas de televisión de muchos países. En la actualidad, apenas me pongo nervioso, ni siquiera en los programas nacionales más populares. Sin embargo, recuerdo muy bien la ansiedad que sentí cuando salí por televisión la primera vez. Fue en un sencillo programa local que, por suerte, casi nadie vio. El corazón me palpitaba con fuerza. Estoy convencido de que la voz me temblaba, al igual que las manos. ¿Qué ha cambiado?

La única diferencia es mi percepción. Aquella noche, estaba preocupado por mi aspecto, por mi forma de expresarme, por lo que los demás, en concreto mis amigos y mi familia, pensarían y por cómo me juzgarían mis colegas. Con el tiempo y la experiencia, he aprendido a considerarme un profesor y no un actor. Lo que tengo que decir es mucho más importante que mi aspecto. Intento transmitir lo que he aprendido y lo que mis pacientes y los participantes en mis talleres me han enseñado, para que el telespectador comparta esos conocimientos. Ahora ya no me preocupa lo que el presentador o mis amigos piensen, pues hago todo lo posible para enseñar y ayudar a los demás. Cuando me di cuenta de que éste era mi propósito, la ansiedad y el estrés desaparecieron.

Capítulo VIII

Estrés y espiritualidad

Creer en un plan o un propósito divino puede reducir el estrés de forma radical. Tenemos que buscar lecciones, cosas que aprender, en todos los obstáculos de la vida. A veces, las vidas en las que afrontamos más obstáculos son las que nos permiten avanzar en el ámbito espiritual, pues aprendemos las lecciones del alma a un ritmo acelerado. Cuando buscamos la lección que encierra un obstáculo o incluso una tragedia, logramos averiguar el propósito de ese suceso. Cuando hallamos su sentido, podemos elegir liberarnos del dolor y el sufrimiento.

Como dijo en una ocasión Pierre Teilhard de Chardin, el místico cristiano: «No somos seres humanos que vivimos una experiencia espiritual, sino seres espirituales que vivimos una experiencia humana.» Y tenía razón. Al identificar la lección del alma, nos hallamos en disposición de crecer más allá del sufrimiento y, en ese estado de entendimiento, no existe el estrés.

La verdad es que estamos demasiado pendientes de los resultados de nuestras acciones. Si pudiéramos librarnos de nuestra obsesión por los resultados, de nuestras valoraciones sobre el éxito o el fracaso, nos sentiríamos mucho más felices. Si pudiéramos relacionarnos con los demás con amor y compasión y no nos preocupara lo que recibiremos a cambio, lo que vamos o no vamos a conseguir, nuestras vidas estarían llenas de alegría.

El amor es el antídoto del estrés. Sin embargo, en este mundo violento, avaricioso y lleno de odio, parece difícil amar de forma incondicional. Conseguirlo constituye una lección espiritual que supone un gran reto. Si usted consiguiera amar de forma incondicional, si siempre fuera consciente de su verdadera naturaleza espiritual y de su alma, si no esperara nada a cambio de sus acciones compasivas y voluntarias, si pudiera liberarse de los apegos emocionales a las cosas materiales... entonces nunca más sufriría un estrés prolongado o insano en su vida y los días y las noches estarían llenos de alegría y felicidad.

Muy pocos, o casi ninguno de nosotros, hemos nacido en un estado de iluminación espiritual. Como psiquiatra, soy consciente de los duros enfrentamientos que hay que superar para vencer los condicionamientos familiares y culturales. ¿Cómo podemos ser conscientes desde un punto de vista espiritual cuando nuestros condicionamientos inconscientes y subconscientes crean trampas y engaños para atrapar a nuestra mente? Una manera de conseguirlo es empezar por el principio.

Capítulo IX

Reducir el estrés desde tres aspectos

La práctica que se incluye al final de este libro aborda la reducción del estrés desde tres aspectos distintos: el físico, el psicológico y el espiritual.

El aspecto físico consiste en ayudar al cuerpo a alcanzar un estado de relajación muscular profunda. Si practica este ejercicio con regularidad descubrirá que, de una forma cada vez más rápida y fácil, consigue alcanzar grados más y más profundos de relajación y paz interior. Conforme aprenda a relajar por completo los distintos grupos musculares de su cuerpo, establecerá una especie de memoria muscular. Además, desarrollará y agudizará su conciencia de los distintos grados de tensión muscular y, por tanto, advertirá los cambios sutiles que se producen en este sentido. Con el tiempo, podrá trasladar las técnicas de relajación a su vida diaria y, en los momentos de estrés, utilizarlas de forma consciente para romper el ciclo de tensión muscular y síntomas físicos.

Resulta de gran importancia contrarrestar, desde un punto de vista físico, nuestras reacciones ante el estrés. Si practica estos ejercicios o utiliza otras técnicas de relajación y meditación, podrá detener la producción de las hormonas relacionadas con el estrés y a sus transmisores. De este modo, a medida que las sustancias químicas relacionadas con el estrés se neutralicen, su cuerpo recuperará con rapidez su estado de equilibrio normal. Con la práctica, logrará convertirse en un experto en detener, por completo, sus reacciones físicas ante el estrés.

Con nuestros ejercicios aprenderá a controlar la respiración y evitar la hiperventilación. Cuando una persona respira con demasiada rapidez, exhala una cantidad excesiva de dióxido de carbono y consume una cantidad igualmente excesiva de oxígeno. Este proceso provoca una sensación de aturdimiento, mareo y ansiedad. La mayoría de los ataques de pánico están acompañados y se ven agudizados por la hiperventilación. Los ataques de pánico pueden controlarse gracias a la relajación de los músculos respiratorios y la interrupción de la hiperventilación. Ser conscientes de nuestra reacción ante el estrés o de los ataques de ansiedad desde el inicio de los mismos resulta decisivo para interrumpirlos, porque en ese caso los «remedios de rescate» pueden ponerse en práctica de inmediato.

La vieja técnica de respirar dentro de una bolsa de papel para poner fin a un ataque de ansiedad se fundamenta en el mismo principio. Al respirar una y otra vez el mismo aire, su contenido de dióxido de carbono aumenta y el de oxígeno disminuye, restableciéndose el equilibrio. Sin embargo, cuando desde el inicio del proceso nos damos cuenta de que vamos a hiperventilarnos, la bolsa de papel resulta innecesaria.

Cuando aprendemos a controlar la respiración y la musculatura, podemos encontrar ese lugar de profunda paz y seguridad que siempre está en nuestro interior. Y si alcanzamos ese grado de paz interior, interrumpiremos por completo la producción de hormonas o sustancias químicas relacionadas con el estrés. Entonces habremos aprendido a dominar nuestro cuerpo y nuestra mente, tendremos el control, y nada ni nadie podrá privarnos de nuestra alegría y nuestra paz interior.

Los místicos aseguran que cuando aprenden a dominar este estado, se liberan de los miedos, el estrés, el deseo y el control de los demás. Entonces, aunque estén encadenados o en prisión, se sienten totalmente libres. Todos somos místicos. Todos podemos ser libres. Sólo tenemos que recordar cómo conseguirlo.

El segundo aspecto para reducir el estrés es el psicológico. El presente libro instruye al lector acerca de la naturaleza del estrés, sus causas y sus remedios. También se subrayan los efectos dañinos que el estrés produce en nuestro cuerpo y nuestra psique. Asimismo, se hace hincapié en que podemos aprender a liberarnos, de forma consciente, del estrés si aprendemos a cambiar nuestras actitudes, percepciones y perspectivas. Así, uno se siente reconfortado al saber que es posible controlar las situaciones desencadenantes de estrés. Cuando somos capaces de elegir, podemos modificar nuestro estado mental y nuestros condicionamientos, transformando el estrés en una lección vital positiva.

～≈»·«≈～

Otro de mis pacientes, un ejecutivo de seguros de treinta y cinco años, detestaba su trabajo, pero se sentía atrapado porque le proporcionaba riqueza y prestigio. Poseía una casa grande y bonita y un deportivo muy caro, pero su matrimonio había fracasado y Jay se encontraba en medio de un proceso de divorcio hostil. Se sentía estresado tanto en el trabajo como en su hogar y padecía insomnio, trastornos gastrointestinales, dolores de cabeza y apatía. Además, empezaba a sufrir ataques de ansiedad.

El enfoque terapéutico que seguimos fue el

modelo de los tres aspectos que hemos comentado antes, o sea el físico, el psicológico y el espiritual. Profundizamos en las técnicas de relajación y Jay practicó con meticulosidad los ejercicios de reducción del estrés que contiene este libro. Aprendió a relajar los músculos con rapidez y a controlar la respiración para prevenir la hiperventilación en los momentos de estrés.

La idea de «ser consciente» es decisiva en este proceso. Ser consciente significa saber con exactitud todo lo que sucede en el momento presente, saber lo que nuestros músculos están haciendo, qué pensamientos y emociones ocupan nuestra mente y qué percibimos en cada momento. Cuando somos conscientes, minimizamos la ansiedad, porque nos convertimos en el observador objetivo de nuestros procesos físicos y mentales.

Cuando Jay era consciente de que la tensión o la rigidez de sus músculos aumentaba, los relajaba. Cuando se daba cuenta de que se hiperventilaba, ralentizaba su ritmo respiratorio.

El enfoque psicológico incluyó una percepción más desarrollada y una mayor comprensión de sí mismo y de los factores causantes de estrés de su vida. Jay descubrió que las opiniones e impresiones de las demás personas no tenían por qué afectarlo de forma negativa o disminuir su autoestima. Las opiniones de los demás eran subjetivas y se fundamentaban en sus propias experiencias y en su formación cultural. Jay sabía que era una buena persona, empática y compasiva, y que las opiniones y los pensamientos ajenos no tenían el poder, por sí mismos, de quitarle la alegría y la paz interior. Sólo él podía otorgarles ese poder y en aquel momento decidió arrebatárselo a las personas negativas y críticas de su vida.

También advirtió que la verdadera seguridad es un estado interior. En cualquier momento estamos expuestos a perder nuestras posesiones materiales, pero sólo nosotros podemos entregar nuestra paz interior, nuestra autoestima y el amor que sentimos hacia nosotros mismos. La casa, el coche, el barco y las cuentas bancarias de Jay eran sólo posesiones, objetos. No lo valoraban como persona. Sin embargo, sus acciones compasivas, sus pensamientos, sus actos y su evolución emocional y espiritual eran mucho más importantes. Jay comprendió, desde un punto de vista espiritual, que cuando morimos no nos llevamos las posesiones materiales. Sin embargo, sí que nos llevamos nuestras relaciones, nuestro aprendizaje y nuestro crecimiento.

Descubrió que la calidad de sus relaciones era más importante que la cantidad de sus posesiones. Desde aquel momento, su divorcio se convirtió en un proceso amistoso. Tanto él como su esposa se dieron cuenta de que se habían distanciado en muchos aspectos, como les ocurre a tantas personas. Entonces lograron comunicarse con claridad y comprensión y se concedieron la libertad de crecer cada uno por su lado.

Jay también se dio cuenta de que tenía facilidad para escribir, una afición que había abandonado muchos años antes porque le habían enseñado, erróneamente, que el dinero era más importante que los sueños. Así pues, cerró su despacho y se trasladó a California, donde logró un éxito considerable como guionista. En la actualidad, es mucho más feliz.

❧ ⁑ ❦

El tercer aspecto para reducir el estrés es el espiritual. Conforme comprendemos la naturaleza de nuestra alma y las lecciones que hemos venido a aprender, conforme recordamos que somos inmortales y eternos, no sólo nos liberamos del estrés, sino que una energía de alegría y amor fluye en nuestra conciencia como un río que se renueva con las refrescantes lluvias de la primavera.

Para beneficiarse de la práctica propuesta, no es necesario dominar los tres aspectos citados. La capacidad de relajarse físicamente de forma profunda produce, en sí misma, alivio y sanación. Gracias a esta clase de relajación, los síntomas somáticos del estrés se ven aliviados, su cuerpo se encontrará mejor, su energía vital aumentará, usted dormirá de un modo más profundo, su sueño será más reparador y sentirá mayor paz interior. Con este tipo de relajación será capaz de eliminar los síntomas del estrés y la ansiedad en cuanto surjan y podrá devolver a su cuerpo la paz y el equilibrio. De este modo evitará que tanto el estrés como la ansiedad alcancen niveles peligrosos y desagradables y descubrirá que tiene el control sobre su cuerpo físico.

Además, su salud también resultará beneficiada. Los síntomas del estrés, como los dolores de cabeza, la acidez estomacal, la presión sanguínea elevada, las dolencias cardíacas, el insomnio y las pesadillas, la pérdida o el aumento de peso, la caída del cabello, los problemas de la piel, los ataques de pánico y ansiedad, la dificultad de concentración, los niveles bajos de energía crónicos y muchos otros trastornos físicos, sin duda disminuirán significativamente o incluso desaparecerán. Todos poseemos una capacidad sorprendente de influir o controlar los procesos fisiológicos de nuestro cuerpo. Y aunque en general hemos olvidado cómo dominar tales procesos, podemos recuperar esta habilidad con la práctica. El CD transcrito en este libro le enseñará cómo conseguirlo.

A medida que el dominio sobre su estado físico aumente, su actitud mental mejorará y sin duda se sentirá más optimista y esperanzado. Entonces su estado de ánimo se elevará y los sentimientos de tristeza y desesperación disminuirán. Al mejorar su estado de ánimo, sus relaciones con las demás personas también mejorarán, pues usted reaccionará a los estímulos externos de una forma más positiva y paciente. Además, los demás notarán que su actitud es más feliz y pacífica, y sus reacciones cambiarán en el mismo sentido. Por tanto, se establecerá un ciclo de interacción positiva en sus relaciones que se mantendrá en el tiempo porque se alimentará a sí mismo.

En mi cuarto libro, *Los mensajes de los sabios*, escribí acerca de cómo eliminar los obstáculos que se interponen en el camino a nuestra felicidad y alegría. La comprensión espiritual puede disolver el estrés y el miedo y cambiar nuestra perspectiva de lo habitual y cotidiano a lo intemporal y trascendente. A medida que se produce este cambio en nuestra conciencia, el estrés disminuye. Entonces vemos y sentimos el mundo de una forma distinta. En aquel libro escribí:

Todos hemos sido creados a imagen y semejanza de Dios, y Dios está dentro de nosotros. Nuestra naturaleza básica subyacente se basa en el amor, la paz, el equilibrio y la armonía. Nuestra esencia innata es compasiva, cariñosa y buena. Somos almas.

En el transcurso de nuestras vidas va acumulándose un revestimiento de miedo, rabia, envidia, tristeza, inseguridad y muchos otros sentimientos negativos que tapan nuestra hermosa naturaleza interior. Esa envoltura se intensifica y se refuerza debido a la educación y a las experiencias de nuestra niñez en la vida actual. Parecemos lo que no somos: personas furiosas y temerosas, llenas de sentimiento de culpa e inseguridad. Nos hemos olvidado de quiénes somos en realidad.

No nos hace falta aprender qué son el amor y el equilibrio, la paz y la compasión, el perdón y la fe. Los conocemos desde siempre. Nuestra tarea es, por el contrario, olvidar esas emociones y actitudes negativas y dañinas que asolan nuestras vidas y nos producen tanto sufrimiento a nosotros, a nuestras comunidades y a nuestro mundo. Al ir deshaciéndonos de esos rasgos negativos, quién lo iba a decir, redescubrimos nuestra auténtica naturaleza, nuestro yo positivo y amoroso. Siempre ha estado ahí, pero tapado, oscurecido y olvidado.

Cuando retiramos las capas exteriores de residuos e inmundicia, las ideas y las emociones negativas, cuando limpiamos y pulimos el revestimiento exterior, podemos vislumbrar de nuevo los auténticos diamantes que en realidad somos. Somos almas inmortales y divinas y estamos recorriendo un camino. En el fondo, siempre hemos sido diamantes.

Liberarnos de las emociones y los pensamientos negativos y descubrir la paz interior, la alegría y la felicidad es nuestro objetivo. Cuando lo consiga, descubrirá que su vida es mucho más agradable, que avanza, de forma más consciente, por el camino espiritual y que su alma se manifiesta en un cuerpo físico que es infinitamente más saludable y resistente a las enfermedades que antes. ¡Qué maravillosa combinación! Pero aunque todavía esté reflexionando y preguntándose acerca de las lecciones e implicaciones espirituales que obtendría con la práctica de los ejercicios y el cambio de las actitudes descritas en este libro, sin duda conseguiría mejoras físicas. Estas mejoras en la salud constituyen razones prácticas de peso para seguir las sugerencias que hallará a lo largo de las presentes páginas. En cualquier caso, a lo largo del camino los beneficios espirituales se irán produciendo. No tiene nada que perder y todo que ganar.

Capítulo X

Cómo reducir el estrés

El ejercicio para la reducción del estrés transcrito a continuación constituye una poderosa herramienta para la autosanación. Este ejercicio muestra técnicas para alcanzar estados profundos de relajación. Además, enseña a reconocer y relajar las tensiones y las rigideces musculares. También muestra cómo se puede ser más consciente del ritmo respiratorio y controlarlo. Con la práctica de este ejercicio aprenderá a ser consciente de sus percepciones físicas, emocionales y psicológicas, y podrá utilizar ese conocimiento para alcanzar un equilibrio saludable siempre que lo desee.

Se trata de un ejercicio totalmente seguro. En él se informa de que si en algún momento se siente incómodo por alguna imagen o sentimiento, siempre puede separarse de esa percepción y flotar por encima de ella mientras la observa desde la distancia. Si aun así se siente incómodo, puede regresar a un lugar hermoso y tranquilo o simplemente abrir los ojos y terminar el proceso. Usted siempre tiene el control.

En realidad, es muy poco habitual que alguien se sienta incómodo mientras realiza el ejercicio. El efecto predominante es de paz y relajación profunda. El estrés y la ansiedad disminuyen y, con frecuencia, desaparecen. El ejercicio nunca crea síntomas, sino que los sana.

El ejercicio para la reducción del estrés puede constituir una valiosa ayuda para disminuir la ansiedad, mejorar el estado de ánimo y eliminar cualquier tipo de síntoma. Sin embargo, su finalidad no es sustituir a los tratamientos médicos o psicológicos, aunque sin duda puede utilizarse junto con otras técnicas terapéuticas. Si usted padece algún trastorno mental o emocional importante, acude a psicoterapia, sufre ataques o alguna enfermedad neurológica, consulte a su médico o terapeuta antes de realizar el ejercicio, y hágalo sólo con su supervisión.

Con la práctica obtendrá beneficios en muchos aspectos, incluidos el físico, el emocional, el psicológico y el espiritual. Quizá sea consciente de que se producen en usted cambios positivos después de la primera o la segunda vez de utilizarlo, o tal vez necesite hacerlo más veces, en cuyo caso deberá recurrir a la paciencia. También es posible que los demás adviertan que se ha producido una transformación positiva incluso antes de que usted sea consiente de ese cambio. La clave es evitar los sentimientos de frustración y seguir practicando. No existe una fórmula mágica. Cuanto más practique, más profundo será el nivel que logre y con mayor rapidez, hasta que alcance ese hermoso estado de paz interior y tranquilidad en el que tienen lugar el cambio y la transformación.

TRANSCRIPCIÓN DEL CD

Eliminar el estrés

[Nota del editor: Incluimos el texto del CD preparado por Brian Weiss como ejercicio práctico.]

Para empezar, cierre los ojos y trate de relajarse respirando hondo: exhale el estrés, la tensión y la rigidez e inhale energía hermosa. Con cada respiración, notará que su cuerpo se relaja más y más. Utilice la imaginación. Imagine que exhala el estrés y las tensiones que ha acumulado en su cuerpo y que inhala la energía hermosa que lo rodea. Esta energía es real.

Mientras exhala el estrés y la tensión, notará que con cada respiración su cuerpo se relaja más y más. Permita que durante este proceso los músculos de su cuerpo se relajen del todo.

Relaje por completo los músculos del rostro y de la mandíbula. Libere la rigidez y la tensión que hay en estos músculos. A veces, los problemas en la mandíbula o los dolores de cabeza o en la nuca se deben a que apretamos los dientes con rigidez a causa del estrés... Así pues, relaje por completo el rostro y la mandíbula.

A continuación, inténtelo con los músculos del cuello. Libérese de la rigidez y la tensión que hay en ellos. Sienta cómo su nuca se ablanda y se relaja a medida que penetra, de un modo más y más profundo, en un hermoso estado de paz, calma y serenidad. Relajarse por completo y liberarse de las tensiones, el estrés y la rigidez es muy saludable para usted... para su cuerpo y su mente. Y también lo es sentir la hermosa paz que en todo momento lo rodea y que anida en su interior. De este modo, con cada respiración alcanzará una relajación más y más profunda.

Luego relaje los músculos de los hombros. Las personas que tienen demasiadas responsabilidades a menudo sienten rigidez y tensión en los hombros. Haga que sus hombros se relajen por completo.

A continuación, relaje los músculos de la espalda, tanto de la parte superior como de la inferior. Para ello, debe liberar la rigidez de esta zona. Las personas que sufren dolor de espalda a menudo tensan esos músculos a causa del estrés. Relaje por completo los músculos y libérese de la tensión acumulada en esa zona. Sumérjase en un lugar todavía más profundo de su interior, un lugar muy seguro... en el que se internará más y más.

Puede seguir las indicaciones de mi voz. Permita que ésta lo conduzca a un estado de relajación cada vez más profundo. Al mismo tiempo, trate de que cualquier otra distracción, ruido o pensamiento lo transporte a un nivel más y más profundo a medida que se desvanezca.

A continuación, relaje por completo los músculos de los brazos. Sienta los brazos blandos y ligeros. Ahora relaje por completo los músculos del estómago y el abdomen. De este modo, su respiración será completamente relajada y usted fluirá a un estado aún más profundo...

Relaje los músculos de las piernas. Sentirá que su cuerpo accede a un hermoso estado de paz, calma y serenidad. Este estado es muy saludable para usted, para su cuerpo y su mente... Relájese, libérese de las tensiones y del estrés para encontrar esa paz interior. Es muy saludable y aún puede alcanzar un nivel más profundo.

Mientras permanece en este hermoso estado de calma y de paz, de relajación y tranquilidad, mientras siente la paz que lo rodea y que también está en su interior, usted sabe que es capaz de liberarse del estrés y de las tensiones. Es capaz de relajarse siempre que lo desee, siempre que lo necesite, sólo tiene que concentrarse en sus músculos y permitir que se relajen por medio del aliento, de la respiración. Exhale el estrés y las tensiones, inhale la hermosa energía y, con cada respiración, fluya a un nivel más profundo hacia ese hermoso estado de paz, de calma y serenidad.

Usted siempre tiene este poder, esta capacidad. Siempre que lo necesite, siempre que quiera, puede relajarse, penetrar en su interior y romper el ciclo del estrés y de las tensiones incluso antes de que empiece. Controle la respiración para que permanezca calmada y tranquila. Puede relajar sus músculos y encontrar ese estado de calma interior que es tan hermoso e importante para usted.

Ahora imagine que hay una hermosa luz encima de su cabeza. Esta luz es sanadora... relajante. Es una luz de profundización. Elija el color o los colores de esta hermosa luz. Esta luz es sanadora porque, a medida que baje por su cuerpo, sanará sus órganos, sus fibras y todas las células, eliminando cualquier enfermedad, dolencia o malestar que usted padezca. Además, esta luz le conducirá a un estado más profundo de paz, calma y serenidad. Se trata de una luz espiritual que está conectada con la luz que hay encima de su cabeza y alrededor de usted.

Ahora deje que la luz entre en su cuerpo a través de la parte superior de su cabeza y que ilumine y sane su cerebro y su espina dorsal, permita que fluya de arriba abajo como una hermosa ola de luz, hasta llegar a su corazón... su hermoso corazón. La luz sana su corazón y hace que la bella energía de este órgano fluya por todo su cuerpo, inundándolo de alivio y sanación.

Ahora la luz baña sus órganos abdominales, los sana, elimina cualquier enfermedad, dolencia o malestar y los devuelve a un estado de salud perfecta. La luz se extiende a todos los músculos, los nervios y los huesos de su cuerpo, de su espalda, le proporciona alivio y salud... y le permite desplazarse a un nivel todavía más profundo. La luz es muy intensa y poderosa en aquellas zonas en las que usted necesita sanación. Disuelve el estrés y las tensiones, devolviendo a su cuerpo su estado normal y saludable. La luz sana las paredes del sistema digestivo y el estómago, relaja aún más los músculos y los nervios del cuerpo y ayuda a su corazón a funcionar con fluidez y normalidad. Asimismo equilibra su presión arterial y cura cualquier enfermedad o dolencia que padezca, eliminando las consecuencias de las tensiones producidas por el estrés y devolviendo al cuerpo su estado de salud perfecta. También sana su mente, porque le ayuda a superar el miedo, la ansiedad y las preocupaciones, así como los sentimientos de tristeza, de rabia y de culpa. Es una luz tranquilizadora, bella y sanadora. Permita que invada todo su cuerpo y que sea muy intensa y potente en las zonas afectadas. Siéntala en esas áreas de su cuerpo o de su mente que necesitan sanación.

Concéntrese para que el resto de la luz baje por sus piernas hasta los pies, para que todo su cuerpo se llene de esta hermosa luz sanadora. Ahora déjese ir a un estado todavía más profundo en el que estará totalmente seguro.

A continuación, visualice o imagine que la luz también rodea por completo su cuerpo, como si una preciosa burbuja o capullo de luz lo envolviera, lo protegiera y sanara su piel y sus músculos externos, permitiéndole alcanzar un nivel todavía más profundo.

Dentro de unos instantes, contaré hacia atrás desde diez hasta uno. Con cada número, relájese cada vez más y fluya a un estado más y más profundo... A un estado en el que los límites habituales del espacio y el tiempo desaparecen. A un estado en el que usted pueda proporcionar salud, relajación y una paz absoluta a todas las zonas de su cuerpo y su mente; un estado tan profundo que le permita recordar todas las experiencias que ha vivido..., hasta el punto de experimentar todos los estados de su precioso ser multidimensional. Porque usted es muchísimo más que su cuerpo o su cerebro. Usted es un ser multidimensional, hermoso, inmortal y eterno; un ser lleno de luz, de amor y paz. Y usted siempre es amado y está protegido. En este nivel nada ni nadie puede hacerle daño. Diez, nueve, ocho... Con cada número usted fluye a un estado más y más profundo; siete, seis, cinco..., más y más profundo; cuatro... tres..., ahora se encuentra en un maravilloso estado de paz, calma y serenidad; dos... uno. Bien.

En este hermoso estado de paz y calma imagine que desciende por una bonita escalera. Desciende... y desciende... a un lugar más y más profundo; y sigue bajando..., más profundo... más y más profundo. Y con cada peldaño usted alcanza un grado de mayor profundidad. Más y más abajo..., más y más profundo... Y cuando llega al pie de las escaleras ve, delante de usted, un jardín precioso. Un jardín de paz, de alegría, de luz y amor que es totalmente seguro. Este jardín es para usted un santuario, un refugio. El jardín está lleno de flores y plantas hermosas.

Ahora imagine que entra en este santuario y que encuentra un lugar para descansar. Allí su cuerpo, que todavía está inundado de luz y rodeado por ella, sigue curándose, relajándose, liberándose de todas las tensiones, el estrés y la rigidez... y continúa restableciéndose, sanándose y rejuveneciéndose. Los estados más profundos de su mente se abren y usted es capaz de recordarlo todo. Puede sanar su cuerpo y su mente, pues tiene ese poder.

Imagine que un hermoso ser espiritual, como un guía, un ángel o un maestro, viene a visitarlo a este jardín. Se trata de un ser muy sabio y amoroso. Quizá vengan más de uno. Ahora imaginè que ustedes pueden comunicarse, ya sea por medio de palabras, pensamientos, sentimientos, visiones, a través de la telepatía o de cualquier otra forma. Pueden comunicarse. ¿Recibe algún mensaje? ¿Recibe algún tipo de sabiduría, información o conocimiento que pueda traer de vuelta con usted? ¿Recibe algún tipo de saber que le ayude a suprimir los obstáculos que le impiden alcanzar la paz interior, la alegría y la felicidad? ¿Recibe algún conocimiento que amplíe su perspectiva y le permita disponer de este estado de calma y paz interiores siempre que lo desee? ¿Recibe algún tipo de conocimiento que proporcione más alegría, felicidad y comprensión a su vida y situación actuales? ¿Recibe algún mensaje personal? Sólo escuche y sienta... Sienta el amor... sienta la paz... sienta la sabiduría...

A continuación, su amigo o sus amigos lo acompañarán durante un viaje catártico. Usted siente que su cuerpo se vuelve muy, muy ligero y que flota por encima del jardín. Puede recorrer enormes distancias en el espacio y el tiempo. Usted y sus amigos viajan hasta llegar a una isla hermosa y legendaria, una isla de sanación, de recuperación y de paz. A continuación, usted se ve caminando por una bella playa de la isla. El sol es cálido y agradable.

Clavados en el fondo del mar, a cierta distancia de la orilla, hay varios cristales de gran tamaño, antiguos y potentes. Estos cristales transmiten una gran carga de energía sanadora al agua. Si lo desea y se siente cómodo, métase en el agua. Enseguida notará que ésta tintinea, porque es muy potente y tiene una carga enorme de energía sanadora. El agua es tan poderosa que usted incluso puede respirar dentro de ella. A través de la piel, su cuerpo absorbe la energía sanadora que los cristales transmiten al agua. Esta energía se manifiesta como un hermoso cosquilleo. Usted absorbe esta energía y la traslada a cualquier parte de su cuerpo o su mente que necesita sanación. Sienta el poder del agua. Si no se encuentra cómodo en el agua, permanezca en la orilla y sienta los potentes rayos sanadores del sol y la intensa y hermosa relajación que experimenta.

Si decide entrar en el agua, imagine o visualice que unos delfines bellos, dóciles y amorosos vienen a nadar con usted un rato. Los delfines son maestros sanadores y saben con exactitud qué lugar de su cuerpo o su mente necesita ser curado. Estos delfines aumentan la potencia y la efectividad del maravilloso poder sanador del agua. Además, le ayudan a restablecer su salud, a eliminar el estrés y las tensiones y a encontrar la paz y la calma interiores. También puede nadar con los delfines, porque el agua es realmente especial.

Usted nada y juega... y la sanación continúa. Y no cesará incluso después de que usted despierte; hasta que se produzca una sanación perfecta y alcance un estado de paz total. Ésta no será la única vez que usted pueda venir, nadar y sanarse en esta agua especial con los primorosos delfines. De hecho, podrá regresar tan a menudo como quiera, con tanta frecuencia como lo necesite. Y podrá nadar y jugar de nuevo, sentir cómo su cuerpo absorbe los poderosos efectos sanadores que los cristales transmiten al agua... hasta que la sanación sea completa.

Ahora dedique unos instantes a sentir cómo tiene lugar la poderosa sanación... Sienta cómo su cuerpo está totalmente relajado y libre de tensiones, rigideces y estrés. Si necesita ir a un lugar todavía más profundo, realice una, dos o tres respiraciones y éstas lo transportarán a un nivel de mayor relajación. Si en algún momento se siente incómodo debido a un recuerdo, una experiencia o un sentimiento, simplemente sepárese de esa sensación, flote por encima de ella y obsérvela desde la distancia, como si estuviera viendo una película. Si la incomodidad persiste, regrese al hermoso jardín y descanse allí mientras la sanación y la relajación continúan. Si incluso allí se siente incómodo, abra los ojos y descanse en el lugar donde se encuentra. Sin embargo, si se siente bien, quédese en la isla, sienta la sanación y preste atención a los detalles, a sus sentimientos y sus pensamientos. Sea consciente de lo que experimenta en su cuerpo, en su mente o en el ámbito espiritual. Sienta la sanación, sienta la paz y sienta la calma. Esto es muy saludable para usted.

Ahora ha llegado el momento de salir del agua. Usted se despide de los delfines y empieza a salir. Su cuerpo se seca de inmediato, pues se trata de un agua muy especial. A continuación, siéntese durante unos instantes en la maravillosa playa con su amigo o sus amigos. Ahora sabe mucho más acerca de la sanación, la relajación y la paz interior. Ahora sabe mucho más acerca del estrés y la tensión. Es capaz de interrumpir los efectos del estrés desde el principio. Sólo tiene que respirar con calma y tranquilidad. Sólo debe relajar los músculos y sentir cómo la rigidez y la tensión abandonan su cuerpo y las preocupaciones se alejan de su mente.

Usted sabe que las preocupaciones no le reportan ningún bien, que sólo son un hábito. Si permanece conscientemente en el momento presente, nunca sentirá la necesidad de preocuparse. Las preocupaciones siempre están relacionadas con el pasado o el futuro. Planificar el futuro es útil, pero preocuparse por él no proporciona ningún bien. Asimismo, aprender del pasado es muy útil, pero preocuparse por él tampoco produce ningún bien. El pasado ya ha terminado. Ahora usted sabe que permanecer en el presente y sentir la paz, la calma y la conciencia del ahora, le proporciona felicidad. Y en el momento presente las preocupaciones no existen.

Usted y sus amigos se levantan de la playa. Una vez más, se siente ligero y tranquilo. A continuación flota por encima de la isla, consciente de que puede volver siempre que quiera, siempre que lo necesite.

Luego viaja una vez más a través de enormes distancias en el tiempo y el espacio, y regresa al maravilloso jardín... al jardín de la paz, la serenidad, el amor y la luz. Ahora se encuentra con sus amigos en el jardín y siente que su cuerpo se relaja todavía más. Siente la sanación que se ha producido y que continuará hasta que cualquier enfermedad, malestar o estrés que padezca haya desaparecido. Usted ha aprendido a liberarse de las tensiones y las rigideces musculares... y a sentir la paz que esta liberación le proporciona. Ha aprendido que no es necesario preocuparse. Siente cómo se libera de los efectos físicos, psicológicos y espirituales relacionados con el estrés. Sus músculos están relajados y su respiración es serena. Su estómago... su corazón se están sanando. Su pulso es tranquilo y relajado. En este estado, no hay ninguna necesidad de experimentar pensamientos o emociones negativas, que sólo le perjudican.

Ahora libérese de todas las preocupaciones, las

ansiedades, las tensiones y el estrés... Ya no los necesita. Sólo se interponen en su camino. Son obstáculos que le impiden alcanzar la paz interior, la alegría y la felicidad. Libérese también de la tristeza, la depresión y la culpabilidad. Usted es un ser inmortal y eterno, al igual que sus seres queridos. Usted es un alma... no sólo un cuerpo y un cerebro. Nada puede dañarlo, al menos en este estado. Nunca está solo y siempre es amado. En realidad, nunca estamos separados de los seres a los que amamos, siempre nos acompañan.

Libérese de la rabia y la frustración. Estos sentimientos sólo se interponen en su camino, inmovilizándolo. A medida que se libera de las emociones, los pensamientos y los sentimientos negativos, descubre que detrás de éstos existe un maravilloso estado de paz, de calma, de amor y serenidad. Ésta es su verdadera naturaleza interior, su verdadera esencia... su ser interior. Y siempre que quiera, siempre que lo desee, usted puede volver a conectar con este núcleo interior de paz y amor, de compasión y tranquilidad. Ésta es su verdadera esencia. Y siempre que se libere de la rabia y de la frustración, siempre que se libere del miedo (no hay nada que temer; usted es inmortal), siempre que se libere de la tristeza, la culpabilidad y la depresión, de las preocupaciones, de las tensiones y del estrés, encontrará este núcleo de paz y de amor. Esta esencia se halla siempre en su interior.

Es suya... y nadie puede arrebatársela. Esta esencia está en lo más hondo de su ser interior.

Pronto habrá llegado el momento de regresar, por ahora. Sin embargo, siempre que necesite sentir esta paz, esta calma, esta relajación... esta comprensión, usted podrá acudir a su interior por medio de la respiración. Podrá relajar sus músculos, llenarse con la hermosa luz, rodearse de ella, viajar a la isla sanadora o quedarse en el maravilloso jardín y gozar de la paz, la recuperación y la sanación que existen alrededor. Podrá, en fin, regresar a este estado siempre que quiera... y eliminar el estrés, la tensión y sus efectos negativos. Y cuanto más practique, penetrará en su interior con mayor rapidez y profundidad. Y entonces alcanzará ese maravilloso estado de paz y tranquilidad, se liberará de las tensiones y del estrés, sanará su cuerpo y su mente y fortalecerá su espíritu. Esto es muy saludable para usted.

Ahora ha llegado el momento de despertar a su estado de conciencia. Yo le ayudaré a regresar mientras cuento de uno a diez. Con cada número, usted estará más y más despierto, más y más alerta, y tendrá un control absoluto de su cuerpo y su mente. Se sentirá muy bien, se sentirá estupendamente bien y lo recordará todo.

Uno, dos, tres... Va despertando con suavidad. Cada vez está más alerta, más despierto. Tiene el control absoluto de su cuerpo y de su mente...

Cuatro, cinco, seis... Cada vez está más despierto... Siete, ocho... Está casi despierto del todo. Se siente tranquilo, sereno, y con pleno control de su cuerpo y su mente... Nueve, diez.

Abra los ojos. Si lo desea, realice unos estiramientos. Ya ha regresado por completo. Ahora está despierto y alerta, posee un control total sobre su cuerpo y su mente. Y se siente muy bien.

ACERCA DEL AUTOR

El doctor Brian Weiss dispone de un consultorio privado en Miami, Florida. Con él colaboran psicólogos y asistentes sociales altamente cualificados y experimentados que también utilizan la terapia de la regresión y las técnicas de la psicoterapia espiritual en su trabajo. Además, el doctor Weiss dirige seminarios y talleres experimentales de ámbito nacional e internacional y programas de formación para profesionales.

Cintas y CD sobre meditación y regresión están disponibles en The Weiss Institute. Para más información, póngase en contacto con:

THE WEISS INSTITUTE
6701 Sunset Drive, Suite 201 - Miami, FL 33143
Teléfono: (305) 661-6610
Fax: (305) 661-5311
Dirección e-mail: *in2healing@aol.com*
www.brianweiss.com

NOTAS